Recetario DE LOS PUEBLOS MÁS FELICES DE ESPAÑA

CONSEJOS Y RECETAS DE SUS VECINOS PARA SUBIR EN EL ÍNDICE MUNDIAL DE LA FELICIDAD

EDITADO Y COMENTADO POR FRANCESC MIRALLES

Plataforma Editorial

ÍNDICE

"*Gran ciencia es ser feliz,
engendrar la alegría,
porque, sin ella,
toda existencia es baldía*".

RAMÓN PÉREZ DE AYALA

La cocina de la alegría

Presentación de Francesc Miralles

El propósito de este libro es **dar voz a los maestros de la felicidad cotidiana** a través de los fogones y del arte de vivir. Con este fin, hemos partido de un estudio de **los pueblos más felices de España** para recoger, además de las **mejores recetas de repostería**, sus claves para una existencia dichosa.

A través de la sabiduría popular que atesora el *ranking* que encontrarás en este libro, descubrirás, con su sencillez y practicidad, cómo la **felicidad está mucho más cerca de lo que solemos buscarla.**

Recorreremos pueblos, recetas y consejos de vida que nos hacen comprender la alegría de saludar a los vecinos en la calle, de apreciar la belleza de nuestro entorno, de cocinar delicias locales para luego compartirlas. Esta última palabra es la clave que subyace al estudio que ha inspirado este libro, ya que, como reza un proverbio,

<blockquote>

**«una alegría compartida
se transforma en doble alegría,
y una pena compartida,
en media pena».**

</blockquote>

Lejos de los tratados filosóficos que buscan los tres pies al gato, hemos buscado la **sabiduría popular como fuente de bienestar emocional, que se cocina en los hornos y cazuelas de nuestros hogares,** pero también en las conversaciones animadas de los familiares o amigos que se reúnen en torno a un bizcocho humeante.

El estilo de vida de la gente feliz

Aunque encontraremos localidades muy distintas entre sí, hay condiciones que contribuyen a que la población pueda vivir con bienestar. Veamos algunas de ellas:

- **Una rica vida comunitaria.** Los vecinos son más que vecinos, se tratan entre ellos como amigos, incluso como familia.
- **Ritmo lento y tranquilo, libre de estrés**, disfrutando del trabajo y de lo bueno que trae cada día.
- Pasan mucho **tiempo al aire libre**, respirando aire fresco y tomando vitamina D a través del sol.
- **Mueven su cuerpo** desde que empieza la jornada, bien temprano, para ir a la par con los ciclos de la vida.
- Practican la **cocina de proximidad**, consumen productos locales y comparten mesa con parientes y amigos siempre que tienen ocasión.

Tener un *ikigai*

Hay una relación directa entre el propósito y la realización personal que lleva a la alegría de vivir. **Cuando identificas el motivo por el que te levantas de la cama, los días adquieren sentido y encuentras el placer en lo que haces.**

Este fue el punto de partida de nuestro libro *Ikigai*, que escribí junto a Héctor García, un ingeniero afincado en Tokio y autor de *Un geek en Japón*. Para ello, hicimos trabajo de campo en la aldea de Ōgimi, con una población admirablemente activa y motivada.

Al final de nuestro libro, traducido a 65 idiomas y elegido por Oprah Winfrey como libro de la semana, listamos algunas de las **actitudes** de estas personas **para llevar una vida plena y activa.**
Estas fueron tres de ellas:

---

1. Mantente siempre activo, nunca te retires.

Quien abandona las cosas que ama y sabe hacer, pierde el sentido de su vida. Por eso, incluso después de haber terminado la vida laboral «oficial», es importante **seguir haciendo cosas de valor,** avanzando, aportando belleza o utilidad a los demás, **ayudando y dando forma a nuestro pequeño mundo.**

2. Tómatelo con calma.

Las prisas son inversamente proporcionales a la calidad de vida. Como dice un viejo proverbio: **«Caminando despacio se llega lejos».** Cuando dejamos atrás las urgencias, el tiempo y la vida adquieren un nuevo significado.

3. Rodéate de buenos amigos.

Son **el mejor elixir** para disolver las preocupaciones con una buena charla, contar y escuchar anécdotas que aligeren la existencia, pedir consejo, divertirnos juntos, compartir, soñar... En suma, vivir.

Recetas para la felicidad

En este libro compartiremos recetas de cocina, pero también **recetas para la buena vida** de la mano de sus protagonistas. Antes de eso, sin embargo, mencionaremos un dato curioso: ¿sabías que el año pasado **España** se encontraba en el **puesto 32º. del ranking de países más felices del mundo**?

El dato es del Informe Mundial de la Felicidad de 2023 lanzado por la Red de Soluciones para el Desarrollo Sostenible de Naciones Unidas (SDSN). Estamos seguros de que los testimonios y recetas de este libro contribuirán a que, entre todos, podamos subir nota y escalar posiciones en la tabla.

Nuestro propósito es dar valor a los tesoros que se cuecen en las cocinas y en las calles de los pueblos más felices de España.

Exploraremos la sabiduría popular para aprender a disfrutar de las cosas más sencillas y bellas de la vida, además de compartir postres locales para goce del paladar.

Hemos encontrado en la calle a nuestros **maestros del arte de vivir para que nos enseñen a ser más felices gracias a sus consejos y secretos cotidianos.**

Para ello, **en cada doble página de este libro encontrarás una receta para la vida y otra para la buena mesa**, entre las que encontrarás delicias como los pestiños, las tortas de limón o los roscos de anís.

Todos los beneficios que obtenga Azucarera con la venta de **este libro** serán donados a **Fundación Grandes Amigos**, que acompaña a las personas mayores en situación de soledad.

Las páginas que siguen, de hecho, son una invitación a disfrutar de los placeres de la vida en compañía de los demás. Como demostraba un estudio realizado a lo largo de ocho décadas en Harvard, **tener buenas relaciones es el factor número uno de la felicidad.**

Nuestra universidad es la sabiduría y la naturalidad de la buena gente que protagoniza **este libro, que nos enseñará a cocinar y a vivir con alegría para compartirla con los nuestros.**

*El *ranking* de los pueblos más felices de España.

*Tras una encuesta realizada a una muestra de la población española, presentamos los resultados del ranking de los pueblos más felices de España, a los que hemos acudido para obtener la sabiduría de sus vecinos.

*Consulta la metodología del estudio en www.recetariopueblosfelices.es

MAPA DE LOS PUEBLOS MÁS FELICES DE ESPAÑA

22 Cudillero

9 Ribadesella

12 Llanes

7

Comillas

Sanxenxo 8

Potes 23

21

San Vicente de la Barquera

35 Allariz

24 Astorga

6

Santillana del Mar

28 Zarautz

34 Aínsa

32 La Alberca

Albarracín 29

Sitges

16

25 Cadaqués

Chinchón 30

18 Salou

Peñíscola

5

31 Pozoblanco

27 Baeza

17 Cazorla

14 Dénia

20 Calpe

19 Altea

Chipiona 3

1 Ronda

Conil de la Frontera

Vejer de la Frontera

15 26

Benalmádena

13

33 Frigiliana

11 Mojácar

Zahara de los Atunes

10

4

Nerja 2

Tarifa

1. RONDA (ANDALUCÍA)

Por la belleza del pueblo | Por el entorno natural | Por su gente

2. NERJA (ANDALUCÍA)

Por su clima | Por su gente | Por el entorno natural

3. CHIPIONA (ANDALUCÍA)

Por su clima | Por su gente | Por su filosofía, saben vivir

4. TARIFA (ANDALUCÍA)

Por su clima | Por el entorno natural | Por su gente

5. PEÑÍSCOLA (COMUNIDAD VALENCIANA)

Por su clima | Por la belleza del pueblo | Por el entorno natural

6. SANTILLANA DEL MAR (CANTABRIA)

Por la belleza del pueblo | Por el entorno natural | Por su gastronomía

7. SAN VICENTE DE LA BARQUERA (CANTABRIA)

Por el entorno natural | Por la belleza del pueblo | Por su gastronomía

8. SANXENXO (GALICIA)

Por su gastronomía | Por el entorno natural | Por la belleza del pueblo

9. RIBADESELLA (ASTURIAS)

Por el entorno natural | Por la belleza del pueblo | Por su gastronomía

10. ZAHARA DE LOS ATUNES (ANDALUCÍA)

Por su clima | Por el entorno natural | Por su gente

11. MOJÁCAR (ANDALUCÍA)

Por su clima | Por la belleza del pueblo | Por su gente

12. LLANES (ASTURIAS)

Por el entorno natural | Por la belleza del pueblo | Por su gastronomía

13. BENALMÁDENA (ANDALUCÍA)

Por su clima | Por su gente | Por su filosofía, saben vivir

14. DÉNIA (COMUNIDAD VALENCIANA)

Por su clima | Por su gente | Por su gastronomía

15. CONIL DE LA FRONTERA (ANDALUCÍA)

Por su clima | Por su gente | Por el entorno natural

16. SITGES (CATALUÑA)

Por la belleza del pueblo | Por su clima | Por las fiestas y actividades

17. CAZORLA (ANDALUCÍA)

Por el entorno natural | Por la tranquilidad | Por la belleza del pueblo

18. SALOU (CATALUÑA)

Por su clima | Por las fiestas y actividades | Por el entorno natural

19. ALTEA (COMUNIDAD VALENCIANA)

Por su clima | Por la belleza del pueblo | Por el entorno natural

20. CALPE (COMUNIDAD VALENCIANA)

Por su clima | Por el entorno natural | Por la belleza del pueblo

21. COMILLAS (CANTABRIA)

Por el entorno natural | Por la belleza del pueblo | Por su gastronomía

22. CUDILLERO (ASTURIAS)

Por el entorno natural | Por la belleza del pueblo | Por su gastronomía

23. POTES (CANTABRIA)

Por el entorno natural | Por la belleza del pueblo | Por su gastronomía

24. ASTORGA (CASTILLA Y LEÓN)

Por la belleza del pueblo | Por su gastronomía | Por su patrimonio cultural

25. CADAQUÉS (CATALUÑA)

Por la belleza del pueblo | Por el entorno natural | Por su clima

26. VEJER DE LA FRONTERA (ANDALUCÍA)

Por su clima | Por el entorno natural | Por la belleza del pueblo

27. BAEZA (ANDALUCÍA)

Por la belleza del pueblo | Por su patrimonio cultural | Por el entorno natural

28. ZARAUTZ (EUSKADI)

Por el entorno natural | Por su gastronomía | Por la belleza del pueblo

29. ALBARRACÍN (ARAGÓN)

Por el entorno natural | Por la belleza del pueblo | Por la tranquilidad

30. CHINCHÓN (COMUNIDAD DE MADRID)

Por su patrimonio cultural | Por la belleza del pueblo | Por su gastronomía

31. POZOBLANCO (ANDALUCÍA)

Por su gente | Por su filosofía, saben vivir | Por la belleza del pueblo

32. LA ALBERCA (CASTILLA Y LEÓN)

Por la belleza del pueblo | Por la tranquilidad | Por el entorno natural

33. FRIGILIANA (ANDALUCÍA)

Por la belleza del pueblo | Por su gente | Por su clima

34. AÍNSA (ARAGÓN)

Por el entorno natural | Por la belleza del pueblo | Por la tranquilidad

35. ALLARIZ (GALICIA)

Por la tranquilidad | Por la belleza del pueblo | Por el entorno natural

Estudio realizado por YouGov para Azucarera. Muestra: 1.000 adultos +18 por ola. Metodología: Entrevistas YouGov Panel *Online* en España ponderadas por género, edad y geografía. Ola 1: 1 pregunta abierta. Ola 2: 4 preguntas cerradas. Para más información y descarga del estudio completo: www.recetariopueblosfelices.es

*Recetas de felicidad de toda la vida.

Los consejos de felicidad de sus vecinos, maridados con sus recetas reposteras.

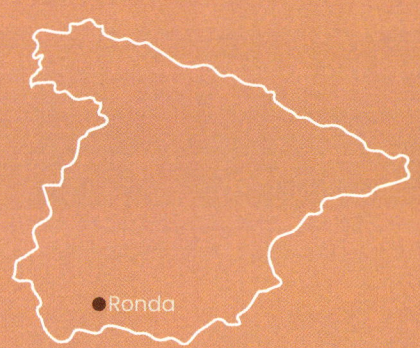

Ronda

"Haz lo que sientes, sin postureo".

Maripaz, Ronda

Esta singular ciudad malagueña se asienta sobre un profundo desfiladero que separa la ciudad nueva, del siglo xx, del casco antiguo, con vestigios del dominio árabe. Ambos mundos están conectados por el Puente Nuevo, donde hay un mirador con vistas vertiginosas.

Desde este entorno espectacular, Maripaz nos dice: **«Mi consejo para la felicidad es hacer siempre lo que sientes, sin nada de postureo».** Añade que es importante amar el lugar donde vives, en lugar de dejar la admiración solo para los turistas. En sus propias palabras:

«Ronda tiene un clima que no lo hay en el mundo entero. Es una ciudad magnífica, limpia y muy cuidada, que enamora por sus atardeceres únicos». Maripaz destaca también a sus vecinos, que le parecen «geniales», y nos da una última inspiración desde el que, en nuestro *ranking*, es el pueblo más alegre de España:

«Para ser feliz, no debes perder el tiempo buscando lo que no tienes. Al contrario, se trata de disfrutar de lo que tienes y de sonreír todos los días». Eso es ya una virtud, como las que aconseja cultivar Ángel, también vecino de Ronda.

Una importante clave para el bienestar es cambiar el sentimiento de carencia por el de gratitud. Cuando valoramos lo que tenemos, nos embarga un sentimiento de riqueza personal que nos permite vivir satisfechos. La mirada apreciativa sobre nuestro entorno —urbano y humano— es la sal de la vida.

"Se trata de sonreír todos los días, mejor si es delante de unas yemas del Tajo".

YEMAS DEL TAJO

(receta de Ángel Luna)

**INGREDIENTES
PARA 12 PERSONAS**

6 yemas de huevos frescos
*100 g de **Azúcar***
70 ml de agua
Azúcar Glacé Seda

PREPARACIÓN

1. Para hacer el almíbar: cocemos el agua y el **Azúcar** en un cazo, removiendo sin parar durante unos diez minutos, hasta que el agua se evapore y el almíbar espese.
2. Retiramos el cazo del fuego y añadimos las yemas batidas y coladas.
3. Cuando lo hemos mezclado todo, volvemos a poner el cazo en el fuego y removemos a fuego lento, hasta conseguir una textura de natillas.
4. Dejamos enfriar la mezcla.
5. Espolvorear la encimera con **Azúcar Glacé Seda** y hacemos bolitas sobre ella. Una vez que tenemos todas las bolitas, las metemos en la nevera y las dejamos enfriar.

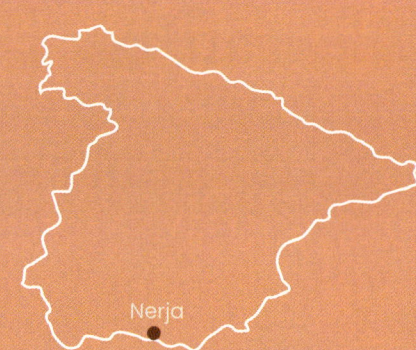

Nerja

"Los atardeceres te llenan de alegría, y son gratis".

Lucía, Nerja

Todos recordaremos esta localidad malagueña por *Verano azul.* Los nostálgicos pueden visitar hoy escenarios como el Balcón de Europa, la tasca del Frasco e incluso una réplica del barco de Chanquete.

Pero la felicidad no es exclusiva de los protagonistas de la serie que se rodó aquí entre 1979 y 1980. Los nerjeños de hoy, como Lucía Muñoz, nos explican por qué este pueblo de la Costa del Sol está entre los más felices de España: «Me hace muy feliz contemplar y fotografiar los hermosos y **espléndidos atardeceres de Nerja**, con esa bella paleta de colores que me llena de alegría. Además, no cuesta dinero, es gratis».

Estudios científicos han demostrado que **la luz del atardecer contribuye a que generemos serotonina, un neurotransmisor que nos aporta bienestar y serenidad.**

Exponernos a la luz solar, en estas horas a las que podemos mirar el astro rey sin dañarnos la vista, ayuda también a sincronizar nuestros relojes internos con los ciclos de la vida, regidos sobre todo por la luz, por lo que dormiremos mejor y nos sentiremos más equilibrados.

Otro vecino de Nerja, Francisco Ortega, a quien sus paisanos llaman Ayo, destaca que, además del **maravilloso entorno natural, conocer a su gente, sus costumbres y su historia es motivo de alegría.** ¡Y no cuesta nada!

NERJA – ROSCOS DE HUEVO

"La vida en Nerja es dulce como los roscos de huevo".

ROSCOS DE HUEVO

(receta de Cristina Navas)

**INGREDIENTES
POR CADA HUEVO**

6 cucharadas de
***Azúcar Moreno de Caña
Especial Repostería***
6 cucharadas de aceite de oliva
6 cucharadas de leche
Matalahúva o anís
Un sobre de levadura
Piel de naranja rallada
Canela molida
Harina de repostería

PREPARACIÓN

1. Pasamos la harina por un tamiz hasta conseguir una masa que podamos manejar con las manos.
2. Ponemos los huevos, el aceite y la leche en un recipiente.
3. Añadimos matalahúva (o anís) al gusto y la ralladura de naranja y batimos.
4. A continuación, agregamos la harina tamizada con la levadura.
5. Tras añadir un poco de harina, trabajamos la masa hasta que se pueda manejar en la mesa.
6. Una vez formada la masa, la dejamos reposar al menos una hora.
7. Pasado este tiempo, con las manos untadas con un poco de aceite, formamos bolas y hacemos un agujero en el centro hasta formar el rosco.
8. Freímos en abundante aceite de oliva y rebozamos con **Azúcar Moreno de Caña Especial Repostería** al gusto.

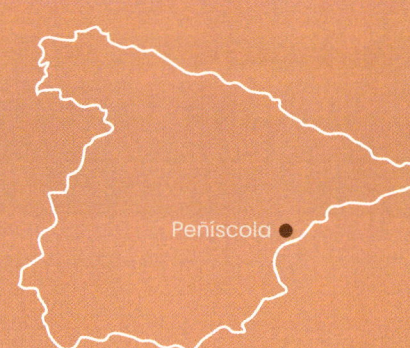

"Siempre hay un motivo para ser feliz si sumas las pequeñas cosas que forman parte de la vida".

Claudia, Peñíscola

Reconocido como uno de los pueblos más bonitos de España, pocos paseos son más placenteros que caminar por la avenida Papa Luna mientras contemplamos la playa Norte. El centro histórico, coronado por el castillo, nos invita a sentarnos en una de sus terrazas para degustar un *pastisset*.

Además de su belleza, este pueblo de Castellón está entre los más felices de España, y una de sus lugareñas, Claudia, nos explica por qué: «Siempre hay un motivo para ser feliz. Peñíscola es un lugar ideal para ello: su mar, su luz y su gente lo hacen todo muy fácil para que así sea». Y añade que **«ser feliz no consiste en estar constantemente buscando la felicidad, sino en apreciar la suma de las pequeñas cosas que forman parte de la vida».**

Entre ellas, destaca el atardecer, pasear con amigos, abrazar a padres y abuelos, como también nos comenta otra maestra de felicidad del pueblo, Antonia, así como disfrutar de una buena comida. La reflexión de estas vecinas de Peñíscola nos recuerda que **la felicidad no está en los grandes logros, sino en las pequeñas cosas, que no siempre valoramos como merecen**. Tal como decía Robert Brault: «Disfruta de las pequeñas cosas, porque tal vez un día vuelvas la vista atrás y te des cuenta de que eran las cosas grandes». Celebremos, pues, los pequeños grandes placeres de la vida.

"El secreto de la felicidad es tener cerca a los míos y compartir un *pastisset*".

PASTISSET

(receta de Claudia Santos Pavía)

INGREDIENTES

350 g de harina
20 g de **Azúcar Moreno de Caña Integral**
500 g de cabello de ángel
50 ml de aceite de oliva
50 ml de aguardiente
25 ml de moscatel

PREPARACIÓN

1. Empezamos mezclando el aceite, el aguardiente, el moscatel y el **Azúcar Moreno de Caña Integral** y lo amasamos.
2. Hacemos porciones de unos 40 g en forma de pequeñas obleas redondas, como si fuesen empanadillas.
3. Rellenamos estas bases circulares con unos 40 g de cabello de ángel ya preparado y las doblamos cerrando los bordes.
4. Con el horno precalentado a 220 grados, horneamos estas empanadillas dulces durante media hora.
5. Tras sacarlas del horno, las rebozamos en **Azúcar Moreno de Caña Integral** hasta cubrirlas totalmente y las dejamos enfriar.

"Practica la gratitud y serás feliz".

Eloísa, Santillana del Mar

Santillana del Mar

Esta localidad monumental de Cantabria es conocida, cariñosamente, como «la villa de las tres mentiras», ya que ni es santa , ni tampoco llana y a la postre no tiene mar. Con todo, **pasear por sus calles es una delicia**.

De hecho, aquí está la cueva de Altamira, cuyas pinturas rupestres demuestran que el ser humano se enamoró de este lugar hace ya 36.000 años.

Una de sus vecinas, Eloísa Echevarría, nos invita a «practicar la gratitud y valorar las cosas buenas que te da la vida».

Ser agradecido es abrir los ojos a todo lo que nos rodea en lugar de fustigarnos con lo que nos falta. La gratitud, en ese sentido, nos hace más sensibles a la belleza del lugar que habitamos, a la generosidad de la gente, al **hecho maravilloso de estar vivos y llenos de posibilidades**.

Daniel Defoe, el autor de *Robinson Crusoe*, aseguraba que «todo nuestro descontento por aquello de lo que carecemos procede de nuestra falta de gratitud por lo que tenemos».

Imagina que te sucediera lo que al protagonista de su novela y, tras naufragar, te quedaras varado en una isla perdida. ¿Qué echarías de menos de tu vida actual?

Haz una lista de las cosas buenas que tienes y serás feliz como los habitantes de Santillana del Mar.

"Mejor todavía si en la mesa hay buñuelos de Santillana".

BUÑUELOS DE LECHE AZUCARADA

INGREDIENTES

Media barra de pan
1 litro de leche
1 rama de canela
1 limón
***Azúcar Moreno de Caña Integral** al gusto*
2 huevos
4 cucharadas de harina
Aceite para freír

PREPARACIÓN

1. En un bol echamos un litro de leche y la dejamos infusionar con una rama de canela y la corteza de medio limón.
2. Echamos **Azúcar Moreno de Caña Integral** al gusto.
3. Mojamos la miga del pan en leche y añadimos los huevos y la harina.
4. Batimos con un tenedor hasta que quede una pasta densa.
5. Tomamos porciones con una cuchara a modo de buñuelos y freímos en aceite abundante.
6. Una vez fritos, los escurrimos en papel absorbente y los añadimos al litro de leche infusionada con canela y limón.
7. Endulzamos al gusto.
8. Dejamos enfriar (se pueden tomar templados o fríos).

"La felicidad es hacer un poco más bonita la vida a los demás".

Lolo, San Vicente de la Barquera

Villa marinera por excelencia, este bello lugar de la cornisa cantábrica, además de lugar de paso a Asturias, tiene playas de postal. En su casco antiguo, la estampa de la iglesia, el castillo y las ruinas de la muralla nos trasladan a otro tiempo.

Por si fuera poco, como telón de fondo, San Vicente tiene los imponentes Picos de Europa, con sus cumbres siempre nevadas.

Un natural de este pueblo, Lolo Noriega, nos confiesa que para él **la felicidad es «hacer un poco más bonita la vida a los demás».**

Su reflexión recuerda a una bella fábula contemporánea: *El viaje de Hector*, de François Lelord, que narra la historia de un joven psicoanalista que, pese a contar con una rica clientela, se pregunta por qué nadie consigue ser feliz.

Con el fin de averiguarlo, sale de viaje con varias preguntas por resolver: ¿por qué hay tanta gente incapaz de apreciar la vida que tiene y que se pasa el tiempo soñando con una mejor? ¿La clave de la felicidad está en el éxito material o en las relaciones con los demás? ¿Depende de nuestras circunstancias o de nuestra manera de mirar la vida?

La conclusión a la que llega Hector coincide con la de Lolo: **«El secreto de la felicidad consiste en hacer felices a los demás».**

San Vicente de la Barquera

"Y la vida es aún más bonita si compartes una quesada pasiega".

QUESADA PASIEGA

INGREDIENTES

1 kg de queso fresco
5 huevos
160 g de harina
160 g mantequilla
380 g de **Azúcar Extrafino Especial Repostería**
La ralladura de 1/2 limón

PREPARACIÓN

1. Precalentamos el horno.
2. Mezclamos los ingredientes con un batidor de varillas.
3. Vertemos la mezcla en un molde previamente engrasado con la mantequilla, que antes ya habremos fundido.
4. Horneamos a 230 grados durante unos veinte minutos.

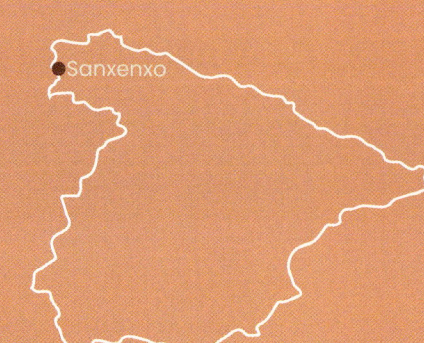

Sanxenxo

"Para ser feliz hay que aprender a quererse a uno mismo".

Susi, Sanxenxo

Este pueblo de la provincia de Pontevedra es célebre por sus ochocientos metros de playa, abrigada de los vientos del norte, y por el ambiente de veraneantes que saborean un helado mientras pasean por sus calles, llenas de tiendas y restaurantes.

Una de sus habitantes, Susi Pérez, nos da su receta: **«Para ser feliz hay que disfrutar de las pequeñas cosas de la vida y aprender a quererse a uno mismo».**

La primera parte de su consejo la hemos visto en anteriores capítulos, pero ¿cómo podemos querernos mejor?

Una asignatura pendiente de muchas personas es la autoestima. Quizás porque estamos expuestos a la lluvia de egos de las redes sociales, en comparación, nuestra vida puede parecernos pequeña e insignificante. Sin embargo, eso es solo un prejuicio.

Lo que nos muestran las redes, las revistas o la televisión no siempre es la vida real. Por otra parte, no tiene sentido compararse con los demás, porque cada persona es única e incomparable. Como decía Jordan Peterson en su cuarta regla para la vida: **«No te compares con quienes son los demás hoy; compárate con la persona que eras tú ayer».**

Si compites solo contigo mismo y te reservas tiempo para ti, en lugar de entregarlo todo a los demás, tendrás autoestima y serás feliz. ¡Y lo mejor de todo es que la felicidad es contagiosa!

> "Entre las pequeñas grandes cosas de la vida está la bica gallega".

BICA GALLEGA

(receta de Susi Pérez)

INGREDIENTES

400 g de harina de trigo
100 g de manteca de vaca
100 g de mantequilla
200 g de nata líquida
4 huevos grandes
1 sobre de levadura
*200 g de **Azúcar Moreno de Caña Especial Repostería***

PREPARACIÓN

1. Batimos los huevos con el **Azúcar Moreno de Caña Especial Repostería** durante unos cinco minutos, hasta espumar.
2. Derretimos la manteca y la mantequilla, y añadimos poco a poco la mezcla de huevos y **Azúcar.**
3. Seguimos batiendo y añadimos la nata y la harina junto con la levadura en dos tandas.
4. Mezclamos con la espátula y ponemos en un molde de 26 x 26 aproximadamente.
5. Espolvoreamos con **Azúcar** y canela.
6. Horneamos a 180 grados entre treinta y cuarenta minutos.
7. Sacamos del horno y, una vez que se haya enfriado, desmoldamos.

"La felicidad no es hacer lo que quieras, sino querer lo que haces".

Estela, Ribadesella

Ribadesella

Esta bella localidad asturiana lo tiene todo: un casco histórico con mansiones indianas en primera línea de mar, la ermita de la Guía —encaramada sobre el puerto—, playas casi infinitas… Cuenta, además, con la cueva prehistórica de Tito Bustillo, que, con sus pinturas rupestres, es **patrimonio de la humanidad.**

De este pueblo es Estela Rosete, que nos proporciona sus **tres recetas para la alegría:**

1. «La felicidad es, sobre todo, una decisión», aunque esta riosellana admite que su maravilloso entorno ayuda a ser dichoso, ya que «te desconecta del resto del mundo». En todo caso, es una **cuestión de actitud.**
2. **«La felicidad no consiste en hacer lo que quieras, sino en querer lo que haces».** Eso requiere mentalizarse, mientras paseas por **lugares tranquilos y bonitos,** que, como afirma Estela, «en Ribadesella los tenemos en abundancia».
3. «No hay que esperar a que la felicidad pase para darnos cuenta después. Hay que vivir el momento». Y eso implica **tener los cinco sentidos puestos en las maravillas que nos rodean,** en nuestros seres queridos o en la buena comida compartida.

Esta receta para la felicidad nos recuerda que, si no estamos atentos, perderemos el tren de la alegría. ¿Y cuándo pasa ese tren? Es fácil recordar su horario: siempre pasa ahora.

"Y, si preparas mermelada de sidra, te querrán los demás".

MERMELADA DE SIDRA

INGREDIENTES

4 manzanas
1 corteza de limón
200 g de **Azúcar o Azúcar Especial Mermeladas**
Un poquito de canela

PREPARACIÓN

1. Cuando en el llagar (prensa que tritura las manzanas hasta convertirlas en mosto) machacan por primera vez la manzana, el jugo de estas sale muy dulce y espeso. Con un litro de este líquido, cocemos todos los ingredientes juntos a fuego muy lento durante dos horas.
2. Lo pasamos todo por el pasapurés y ya tenemos lista una deliciosa mermelada de sidra.

"Lo mejor de la vida es saber disfrutar de tu familia".

Encarnación y Regla, Zahara de los Atunes

Zahara de
los Atunes

Paraíso de los surfistas, esta playa gaditana deja un recuerdo imborrable. Emplazada entre Barbate y las ruinas romanas de Tarifa, además de contemplar la enorme costa, merece la pena visitar el palacio de los duques de Medina Sidonia y la ciudad amurallada.

Los restos del castillo nos recuerdan la obra de Cervantes *La ilustre fregona*, en la que aparece este lugar emblemático.

Como prueba de que **la felicidad es una tarea compartida**, el consejo de este pueblo pertenece a dos mujeres, Encarnación y Regla, quienes aseguran que **«lo mejor de la vida es disfrutar de los hijos y de la familia».**

Para ello es necesario vivirlos, es decir, **no dejar crecer la hierba en el camino del amor, parafraseando a Platón**. Visitarnos a menudo y compartir mesa, siempre mejor con algo dulce, hará que nos conozcamos y comprendamos, al contrario de lo que sucede con los parientes que solo se ven en bautizos y funerales.

El roce hace el cariño, reza el dicho popular, y estar cerca de nuestros seres queridos, aceptando a cada cual como es, sin pretender cambiar a nadie, garantiza la felicidad compartida.

Como afirmaba el actor Michael J. Fox, **«la familia no es algo importante; la familia lo es todo».**

"Y, si es con unos pestiños, disfrutaremos aún más".

PESTIÑOS
(receta de Regla Medina)

INGREDIENTES

½ litro de aceite
½ litro de vino blanco
1 copita de aguardiente
400 g de harina
1 bote de matalahúva
Un poco de ajolí
Un puñadito de clavo
1 bote de canela molida
¼ de almendras
¼ de nueces
½ kg de **Azúcar**
3 limones rallados

PREPARACIÓN

1. Vertemos el aceite en una sartén y agregamos la matalahúva, las especias, los frutos secos picados y la cáscara de limón.
2. Una vez que todo esté dorado, colamos el aceite y dejamos enfriar.
3. En un bol, vertemos la harina, el aceite ya frío, el vino y el aguardiente.
4. Amasamos bien, hasta que la pasta se desprenda del recipiente.
5. Dejamos reposar una media hora.
6. Extendemos la masa con un rodillo.
7. La cortamos en tiras y luego en cuadraditos de unos 5 cm. Para dar la forma de pestiño a los cuadrados: moldeamos cada uno como un rombo y doblamos las dos puntas laterales hacia dentro. Las pegaremos con una gota de agua.
8. Freímos en abundante aceite, y les damos la vuelta para dorarlos por ambos lados.
9. Los escurrimos sobre papel de cocina y, cuando estén todavía calientes, los rebozamos con la mezcla de **Azúcar** y canela.

"La felicidad es estar rodeada de los tuyos".

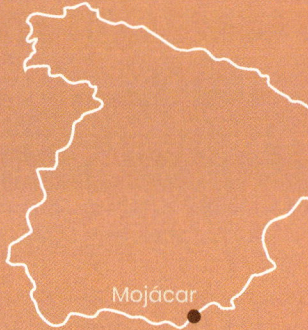

Mojácar

Isabel, Mojácar

Este lugar privilegiado, uno de los pueblos blancos más fotogénicos de Almería, se asienta en la última estribación de la sierra de Cabrera. Es un placer indescriptible perderse por su laberinto de calles estrechas, con miles de flores cuidadas, por donde suben y bajan paisanos que conocen el secreto de la felicidad.

Si el calor aprieta, podemos bajar hasta la costa, donde nos esperan diecisiete kilómetros de un mar cristalino.

La inspiración de Isabel Gredilla está en sintonía con las anteriores maestras del buen vivir, pues declara: «Para mí, la felicidad es estar rodeada de la familia».

Para que eso pueda darse, hay que **evitar expresiones manidas, como «tenemos que hacer por vernos».** Eso indica una intención vaga, y lo que necesitamos es **apegarnos a nuestros seres queridos.** Algunas ideas para promoverlo:

· Organizar un cineforo en casa, eligiendo una película agradable que dé pie al debate, o bien una tarde de juegos de mesa, como cuando éramos niños.
· Hacer una excursión todos juntos para compartir risas y experiencias. Construiremos futuros recuerdos memorables.
· **Cocinar para «la tribu»,** por ejemplo, con la **receta que sigue.**

"Una fuente de buñuelos de Mojácar es la excusa para juntarnos".

BUÑUELOS

INGREDIENTES

250 g de harina
Agua
50 g de levadura de panadero
1 cucharadita de sal
Aceite de girasol
Una cáscara de naranja o limón
50 g **Azúcar Moreno Especial Repostería**
Azúcar Glacé Seda

PREPARACIÓN

1. En un bol grande, ponemos 250 ml de agua caliente (sin que llegue a hervir), una cucharadita de sal, añadimos 40 g de **Azúcar Moreno Especial Repostería** y 50 g de levadura fresca.
2. Removemos hasta que se disuelva.
3. Agregamos 250 g de harina en este bol de forma lenta y paulatina.
4. Mezclamos con la mano abierta, dando palmadas a la masa, sin aplastar ni amasar, hasta que toda la harina se haya integrado.
5. Cuando la mezcla no tenga grumos de harina, la cubrimos con un trapo y la dejamos reposar una hora.
6. El bol debe conservarse más caliente que frío. Pasada la hora, la masa debería de estar burbujeante y habrá subido hasta tocar el trapo. Eso significa que está lista para freír.
7. Vertemos ahora abundante aceite de girasol en un cazo, que pondremos a fuego alto.
8. Añadimos al fuego una cáscara de naranja o limón.
9. Con un cuenco con agua y sal al lado del cazo, nos vamos enjuagando las manos para que no se nos pegue la masa en los dedos al freír los buñuelos.
10. Cuando el aceite esté caliente, retiramos las cáscaras y, con las manos humedecidas, estiramos la masa, que dejaremos caer con cuidado en el aceite caliente.
11. Freímos los buñuelos uno por uno, hasta que se doren por los dos lados (unos cuarenta y cinco segundos por lado). Les daremos la vuelta con una espumadera.
12. Los sacamos y los dejamos secar en papel absorbente para quitar el exceso de aceite.
13. Emplatamos y espolvoreamos **Azúcar Glacé Seda**.

"Disfrutar de las maravillas del día a día, como las vistas al mar".

Benalmádena

Rosario, Benalmádena

BENALMÁDENA – TORTAS DE ACEITE

Este municipio de la Costa del Sol es famoso por sus playas y por el moderno acuario de su puerto, lleno de yates recreativos. En el casco antiguo, encontramos contrastes como un castillo consagrado a Cristóbal Colón y la estupa de un gran templo budista.

Otra curiosidad es el excéntrico castillo de Bil Bil, un edificio rosado en la playa del mismo nombre que fue construido en el siglo xx por una familia hispanofrancesa y que hoy alberga un centro de arte.

Nuestro testimonio de este pueblo feliz es Rosario, que nos recuerda un *leitmotiv* que hemos visto en otros maestros de la felicidad: **la voluntad de apreciar las pequeñas cosas.** En sus propias palabras: **«Disfrutar de las maravillas del día a día, como las vistas al mar que tenemos en Benalmádena».**

Tal vez donde vives no haya un panorama marino, pero seguro que tienes muchos lugares bellos que, con las prisas cotidianas, te pasan por alto. Para recuperar esa atención, que es una de las claves de la felicidad, un pequeño ejercicio:

· Elige un lugar bonito de tu población en el que hace tiempo que no te fijas.
· Siéntate o quédate de pie delante, como si estuvieras frente a una obra de arte.
· Dedícale al menos diez o quince minutos de contemplación serena.

¿Cómo te sientes ahora?

"Y también las tortas de aceite pueden ser arte".

TORTAS DE ACEITE

INGREDIENTES

¼ l de aceite de oliva
¼ l de vino blanco
1 kg de harina
1 copa de anís
Matalahúva
Una cuchara de mantequilla o margarina
Azúcar

PREPARACIÓN

1. Calentamos el aceite y luego echamos la matalahúva.
2. Lo apagamos enseguida para que no se queme y lo dejamos enfriar.
3. Hacemos una masa con el resto de los ingredientes y elaboramos bolitas del tamaño de un bombón.
4. A continuación, con el rodillo las estiramos y las dejamos muy finas.
5. Ya se pueden freír. Si vemos que se ahuecan, las aplastaremos con la paleta en la misma sartén.
6. Finalménte, las rebozamos en **Azúcar.**

"Hallarás la felicidad creando momentos dulces y bellos".

Lourdes, Sitges

Sitges

A poco más de media hora en tren de Barcelona, este pueblo costero es uno de los lugares más agradables y cosmopolitas de nuestra geografía. Además de su festival de cine, los residentes disfrutan de sus largas playas, donde se puede caminar mar adentro sin que el agua llegue a cubrirte.

En el promontorio donde se erige la iglesia, se conservan palacetes donde los burgueses bohemios del modernismo se reunían y creaban sus colecciones de arte.

En esta localidad que es parte de nuestro *ranking* de buenas sensaciones, Lourdes Ferret **nos habla de la felicidad como algo que se encuentra «creando alegría con momentos dulces, decorando la vida y valorando las pequeñas cosas».**

La inspiración de esta sitgetana apunta a una importante clave para la existencia: **se trata de crear la felicidad en lugar de esperarla.** A través de nuestros pensamientos, palabras y actos, damos forma a nuestra realidad. Por lo tanto, gran parte de lo que vivimos es resultado de lo que hacemos repetidamente cada día.

Siguiendo el ejemplo de Lourdes, **puedes crear felicidad cocinando algo exquisito para tu familia y amigos,** proponiendo planes divertidos o decorando tu casa o tu negocio para que quienes entren se sientan a gusto. Cada acción, por pequeña que sea, con ese fin **es un ladrillo en el gran edificio de la felicidad.**

"Y una garlanda es felicidad que entra por la boca".

GARLANDA DE SITGES

(receta de Lourdes Ferret)

INGREDIENTES

500 g de harina de repostería

5 g de sal

2 huevos enteros grandes

*75 g de **Azúcar Extrafino Especial Repostería***

50 g de mantequilla blanda

20 g de levadura fresca

120 g de agua

20 g de malvasía de Sitges

40 g de anís dulce

La piel de un limón pequeño

5 g de canela en polvo

20 g de matalahúva

PREPARACIÓN

Para la masa madre

1. Introducimos en un bol 200 g de harina, la levadura y el agua, mezclamos bien y dejamos reposar entre treinta y sesenta minutos, hasta que doble su volumen.

Para la garlanda

1. Trituramos los ingredientes sólidos —la piel del limón y la matalahúva— hasta que queden lo más finos posibles.
2. Mezclamos con el **Azúcar Extrafino Especial Repostería**, 300 g de harina, la sal y la canela.
3. Añadimos el resto de los ingredientes líquidos: los huevos, la mantequilla blanda, la malvasía, el anís dulce y, finalmente, la masa madre.
4. Amasamos hasta conseguir una pasta homogénea que se despegue de las paredes de cristal.
5. Dejamos reposar un mínimo de dos horas en el bol, aunque, para que quede más esponjoso y absorba los aromas y sabores, es recomendable dejarlo toda la noche en la nevera.
6. Transcurrido ese tiempo, dividimos la masa en dos porciones, y formamos dos bolas que aplanaremos con los dedos. Hacemos un agujero en medio y lo agrandamos para darle forma circular o de rosco.
7. Una vez hechos los aros, los colocamos en las bandejas del horno y los pintamos con anís para que el exterior no se reseque durante la última fermentación, que será de dos horas tapados con film.
8. Pasadas las dos horas, los pintamos de nuevo con anís dulce y los horneamos entre quince y veinte minutos con el horno precalentado arriba y abajo a 200 grados.
9. Una vez retirados del horno y antes de que se enfríen, los pintamos otra vez con anís dulce y los espolvoreamos con abundante **Azúcar Extrafino Especial Repostería** por encima.
10. Dejamos enfriar y decoramos con **Azúcar Extrafino Especial Repostería.**
11. Opcionalmente, podemos añadir alguna figura de chocolate.

"Mi felicidad es plena porque soy el administrador único de mi tiempo".

Valeriano, Cazorla

Cazorla

Situada en la sierra de Cazorla, en Jaén, esta población enamora por sus casitas blancas bajo el castillo de la Yedra, entre las montañas y un océano infinito de olivos. Además de ser la puerta de entrada al mayor parque natural de nuestro país, Cazorla tiene una animada vida social, como podemos comprobar de la plaza de la Corredera, eterno punto de encuentro y conversación.

Entre sus más de siete mil habitantes está Valeriano García, que ejerce de embajador de su pueblo y afirma, feliz, que es **«administrador único»** de su tiempo. Los urbanitas que vivimos corriendo de un lugar a otro tenemos mucho que aprender de ese **poder.**

El tiempo son los raíles por los que pasa el tren de la vida. Para apreciarlo como merece, una reflexión de autor desconocido dice:

Para entender el valor de una hora, pregúntale a los amantes que esperan encontrarse.

Para entender el valor de un minuto, pregúntale a una persona que perdió el avión.

Para entender el valor de un segundo, pregúntale a una persona que evitó un accidente.

Para entender el valor de una milésima, pregúntale al ganador de una medalla de plata.

La receta que sigue **es un homenaje de este cazorleño a su padre**, que disfrutaba de este arroz dulce típico de Semana Santa.

"Y el tiempo se dilata ante un postre de arroz dulce con miel y pistacho".

ARROZ DULCE CON MIEL Y PISTACHOS

(receta de Valeriano García)

INGREDIENTES

250 g de arroz
Un litro de agua
125 ml de aceite de oliva virgen extra
Canela en rama
Concha de naranja
Una cucharada de miel
Seis cucharadas (al gusto)
*de **Azúcar Moreno de Caña Especial Repostería***
80 g de pistachos
Canela en polvo
Hebras de azafrán

PREPARACIÓN

1. En una perola, calentamos el aceite, añadimos la canela y las cáscaras de naranja.
2. Añadimos agua y dejamos cocer hasta que hierva.
3. Agregamos el arroz y lo cocinamos, a fuego intenso, durante siete minutos.
4. Retiramos la canela y la naranja y añadimos el azafrán (previamente tostado y molido), la miel y el **Azúcar Moreno de Caña Especial Repostería.**
5. Lo dejamos cocer a fuego lento unos diez minutos más.
6. Tras apagar el fuego, incorporamos los pistachos molidos.
7. Lo dejamos reposar en la nevera un mínimo de dos horas.
8. Antes de comer, añadiremos el resto de los pistacho y la canela en polvo.

"Lo más sencillo es lo que nos hace más felices".

Esperanza, Altea

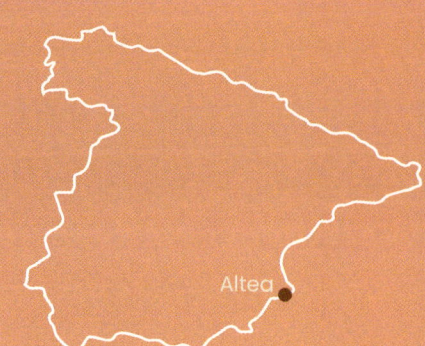

Altea

Entre los lugares más alegres de España está este pueblo-museo de la costa alicantina. Tradicionalmente, Altea ha sido un imán para artistas y amantes de la belleza en general.

Es fácil comprender por qué cuando paseas por sus calles empedradas, con el azul del mediterráneo abajo y la cúpula del mismo color en la iglesia.

Nuestra embajadora en Altea es Esperanza Llorens, del Forn de Ximo, una panadería clásica de esta localidad. Su reflexión es la siguiente: «A veces lo más sencillo es lo que nos hace más felices. **Aquí en Altea hay mucha luz, y vivir frente al mar puede explicar que seamos un pueblo tan feliz».**

Recuerda que, de pequeña, el día más alegre de la semana era el domingo, porque su madre tenía en el horno una coca con chocolate para desayunar con toda la familia.

Otro alteano, Vicente, declara que **«lo dulce es fuente de felicidad y vida**, así que no dejes de compartir dulces sonrisas para alegrar al mundo».

Es interesante notar que **la dulzura de la vida no entra solo por el paladar, sino que podemos regalarla a través de los gestos, de palabras amables y de una disposición a gozar de la vida.** Tal vez por eso, en muchos hogares estadounidenses hay la placa: «Home Sweet Home».

"Y uno de los placeres sencillos que no fallan es el *codonyat*".

CODONYAT

(receta de Vicente Orozco)

INGREDIENTES

Un membrillo
Azúcar
Agua

PREPARACIÓN

1. Lavamos muy bien el membrillo, lo pelamos, quitamos el corazón y lo ponemos a hervir en una olla grande.
2. Cuando esté en ebullición, bajamos el fuego y dejamos cocer unos cuarenta y cinco minutos.
3. Seguidamente, pesamos la cantidad de membrillo y, del peso que dé, añadimos un 80 % de **Azúcar** (por cada kilo de membrillo, añadimos unos 800 g de **Azúcar**).
4. En una olla grande añadimos la pulpa de membrillo previamente cocida junto con el **Azúcar**.
5. Removemos y cocinamos a fuego medio.
6. Poco a poco el **Azúcar** se irá integrando con la pulpa del membrillo.
7. Pasados diez minutos, cuando el **Azúcar** esté totalmente disuelto, utilizamos la batidora para hacer la mezcla más fina.
8. Terminamos de cocer.
9. Finalmente, lo colocaremos en varios recipientes, que dejaremos secar en un sitio ventilado durante unos días.

"Ser sociable, saber escuchar con paciencia y ser amable es fuente de felicidad".

Valery, Aínsa

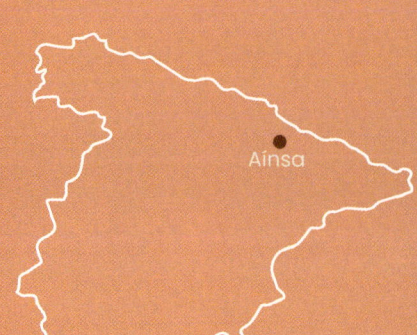

La localidad de Aínsa-Sobrarbe está en la provincia de Huesca y por ella pasan dos ríos, el Cinca y el Ara. Rica en agua y en sol, sus habitantes son célebres por su afabilidad y buen talante. Quizás por ello aquí viven jubilados de muchas partes del mundo.

Impresiona la bien conservada plaza Mayor, así como el castillo fortaleza del siglo XVII, aunque nada puede rivalizar con las montañas que protegen el pueblo de los vientos.

De la Asociación de Mujeres el Eco, Valery nos habla de **la importancia de sociabilizar con amabilidad, compartiendo instantes de felicidad.**

Por su parte, **Josetxo Souto y José Ramón Aso, ambos chefs del restaurante Callizo, en el casco antiguo, conectan la alegría con la buena gastronomía que hace felices a los demás**, como la conclusión del psicoanalista en la fábula que vimos. En sus propias palabras:

«El sol, las actividades en la naturaleza, las tradiciones, unas tapas en la terraza del casco antiguo, visitar los pequeños comercios donde encontraremos productos locales de calidad... son un pequeño reducto de felicidad y bienestar que nadie olvida».

Una vez más, nuestros maestros del bienestar nos recuerdan que la **felicidad se sirve en pequeños envases, pero se multiplica a medida que se comparte.**

"Y qué mejor que sociabilizar con unos crespillos".

CRESPILLOS

(receta de Rosita Solano)

INGREDIENTES

1 l de agua de anís
½ l de aceite de oliva
1 l de leche
2 sobres de levadura
2 sobres de gaseosa
1 kg de harina
½ l de anís dulce
5 l de aceite de girasol
1 docena de huevos
½ kg de **Azúcar Extrafino Especial Repostería**
1 pizca de sal
Hojas de borraja

PREPARACIÓN

1. Hervimos un litro de agua con los anises y lo echamos en un bol.
2. Añadimos la leche, el aceite de oliva, la levadura, la gaseosa, el anís dulce y la sal.
3. Lo mezclamos todo hasta que queda homogéneo.
4. Agregar la harina.
5. A medida que vaya espesando, incorporamos los huevos uno a uno, hasta que quede denso pero suave, para que se agarre a la hoja.
6. Ponemos a hervir el aceite de girasol en una olla y, cuando esté bien caliente, echamos las hojas de borraja untadas en la masa.
7. Una vez fritas, las dejamos escurrir bien.
8. Espolvoreamos con **Azúcar Extrafino Especial Repostería** ¡y a comer!

Gracias a todos los pueblos, vecinos y vecinas que habéis participado.

Ángel Luna García y Maripaz Orozco, de Ronda.

Lucía Muñoz, Francisco Ortega «Ayo» y Cristina Cuevas, de Nerja.

Ramón Simó, Claudia Santos y Antonia Ayza, de Peñíscola.

Eloísa Echevarría, de Santillana del Mar.

Lolo Noriega, de San Vicente de la Barquera.

Susi Pérez, de Sanxenxo.

Estela Rosete, de Ribadesella.

Regla Medina y Encarnación Pacheco, de Zahara de los Atunes.

Isabel Gredilla e Isabel López, de Mojácar.

AGRADECIMIENTOS

AGRADECIMIENTOS

Rosario Cabello, de Benalmádena.

Lourdes Ferret, de Sitges.

Valeriano García, de Cazorla.

Esperanza Llorens del Forn de Ximo y Vicente Orozco, de Altea.

Asociación El Eco, los chefs del restaurante Callizo y Rosita Solano, de Aínsa.

A Amanda Laporte, por su acompañamiento, inspiración y asesoramiento.

ESTA INICIATIVA SIGUE VIVA EN

⬡⬡ **@LAVIDASABEMEJOR**

WWW.RECETARIOPUEBLOSFELICES.ES

Donde podrás ver más consejos y contenidos

Todos los beneficios que obtenga Azucarera con la venta de este libro serán donados a la Fundación Grandes Amigos

GRANDES AMIGOS

Grandes Amigos moviliza a toda la sociedad para mejorar el bienestar
de las personas mayores tejiendo redes sociales.
Evitan la soledad de las personas mayores
con acompañamiento afectivo presencial y telefónico,
actividades saludables de socialización, redes vecinales..., y defienden sus derechos.

Infórmate sobra la fundación o hazte voluntario en **www.grandesamigos.org**

Primera edición en esta colección: marzo de 2024
Segunda edición: mayo de 2024
© de la presente edición: Plataforma Editorial, 2024

Plataforma Editorial
c/ Muntaner, 269, entlo. 1.ª – 08021 Barcelona
Tel.: (+34) 93 494 79 99
www.plataformaeditorial.com
info@plataformaeditorial.com

Depósito legal: B 4213-2024
ISBN: 978-84-10243-07-1
IBIC: WBN1DSE
Printed in Spain – Impreso en España
Diseño de cubierta:
Agencia La Buena
Fotocomposición:
Agencia La Buena

El papel que se ha utilizado para imprimir este libro proviene
de explotaciones forestales controladas, donde se respetan
los valores ecológicos, sociales y el desarrollo sostenible del bosque.

Impresión: qp print